AF248166

BILAN DE L'ALGÉRIE

A LA FIN DE L'AN 1864

L'Algérie est un admirable pays
mais qui est aujourd'hui en pleine
banqueroute.

Cobden.

INTRODUCTION.

Lorsque M. Cobden vint visiter l'Algérie, la Colonie et les autorités s'empressèrent de le fêter partout où il passa, mais cet accueil sympathique, loin de lui faire prendre le change sur la situation de notre colonie, ne put l'empêcher de formuler nettement son opinion en ces termes : « *L'Algérie est un admirable pays, mais qui est aujourd'hui en pleine banqueroute.* »

J'avoue que pendant quelque temps, ce sinistre pronostic me parut dicté par une jalousie britannique, mais la situation dans laquelle est aujourd'hui l'Algérie ne permet plus de douter de la sincérité d'un homme d'Etat aussi clairvoyant.

Y a-t-il un remède à cette situation extrême ? J'ose espérer qu'après avoir lu cet écrit, personne n'en doutera.

I.

LA LETTRE DE L'EMPEREUR.

Quand parut en Algérie la lettre écrite le 6 février 1863 par l'Empereur à M. le Maréchal duc de Malakoff, elle jeta dans la colonie une panique que je fus loin de partager, et qui ne s'explique que par la seule circonstance qu'elle succédait à une brochure anonyme intitulée : *Immigrants et indigènes*, dans laquelle l'auteur, connu aujourd'hui, cherchait à prouver que la colonisation européenne était une humiliante négation et qu'il fallait l'abandonner.

Mais, pour le lecteur impartial, la lettre de l'Empereur, non seulement n'a aucune connexion avec cette brochure, mais elle en est, au contraire, la négation la plus énergique, et j'affirme que si les principes posés par Sa Majesté eussent été mis en pratique, l'Algérie ne serait pas réduite à la désastreuse extrémité où elle se trouve aujourd'hui.

Est-il admissible de croire que l'Empereur ait consenti à mettre ses idées à la remorque d'un écrivain qui, quoique anonyme, ne pouvait tarder à être connu ? Je le répète, cette supposition est tout à fait inacceptable.

Pour prouver que la lettre de l'Empereur est la négation la plus absolue de la brochure *Immigrants et indigènes,* et qu'elle trace, au contraire, de la manière la plus explicite, la marche à suivre pour le succès complet de la colonisation, je commence par la citer textuellement ; le seul changement que j'y apporte est d'en numéroter les paragraphes afin de n'avoir pas à les répéter dans la discussion, mais d'en citer les numéros pour que le lecteur puisse s'y reporter.

Paris, le 6 février 1863.

Monsieur le Maréchal,

1 Le Sénat doit être saisi bientôt de l'examen des bases générales de la constitution de l'Algérie; mais, sans attendre sa délibération, je crois de la plus haute importance de mettre un terme aux inquiétudes excitées par tant de discussions sur la propriété arabe. La bonne foi, comme notre intérêt bien compris, nous en font un devoir.

2 Lorsque la Restauration fit la conquête d'Alger, elle promit aux Arabes de respecter leur religion et leurs propriétés. Cet engagement solennel existe toujours pour nous et je tiens à honneur d'exécuter, comme je l'ai fait pour Abd-el-Kader, ce qu'il y avait de grand et de noble dans les promesses des gouvernement qui m'ont précédé.

3 D'un autre côté, quand même la justice ne le commanderait pas, il me semble indispensable, pour le repos et la prospérité de l'Algérie, de consolider la propriété entre les mains de ceux qui la tiennent. Comment, en effet, compter sur la pacification d'un pays, lorsque la presque totalité de la population est sans cesse inquiétée sur ce qu'elle possède ? Comment développer sa prospérité, lorsque la plus grande partie de son territoire est frappée de discrédit par l'impossibilité de vendre et d'emprunter ? Comment enfin augmenter les revenus de l'Etat, lorsqu'on diminue sans cesse la valeur du fonds arabe qui seul paie l'impôt ?

4 Etablissons les faits : on compte, en Algérie, trois millions d'Arabes et deux cent mille Européens, dont cent vingt mille Français, sur une superficie d'environ quatorze millions d'hectares dont se compose le Tell, deux millions sont cultivés par les indigènes. Le domaine exploitable de l'Etat est de 2 millions 690 mille hectares, dont 890 mille de terres propres à la culture, et 1 million 800 mille de forêts ; enfin 420 mille hectares ont été livrés à la colonisation européenne ; le reste consiste en marais, lacs, rivières, terres de parcours et landes.

5 Sur les 420,000 hectares concédés aux colons, une grande partie a été soit revendue, soit louée aux Arabes par les concessionnaires, et le reste est loin d'être entièrement mis en rapport. Quoique ces chiffres ne soient qu'approximatifs, il faut reconnaître que, malgré la louable

énergie des colons et les progrès accomplis, le travail des Européens s'exerce encore sur une faible étendue, et que ce n'est certes pas le terrain qui manquera de longtemps à leur activité.

6 En présence de ces résultats, on ne peut admettre qu'il y ait utilité à cantonner les indigènes, c'est-à-dire à prendre une certaine portion de leurs terres pour accroître la part de la colonisation.

7 Aussi, est-ce d'un consentement unanime que le projet de cantonnement soumis au Conseil d'Etat a été retiré. Aujourd'hui il faut faire davantage : convaincre les Arabes que nous ne sommes pas venus en Algérie pour les opprimer et les spolier, mais pour leur apporter les bienfaits de la civilisation. Or, la première condition d'une société civilisée, c'est le respect du droit de chacun.

8 Le droit, m'objectera-t-on, n'est pas du côté des Arabes : le sultan était autrefois propriétaire de tout le territoire, et la conquête nous l'aurait transmis au même titre. Eh quoi ! l'Etat s'armerait des principes surannés du mahométisme pour dépouiller les anciens possesseurs du sol, et sur une terre devenue française, il invoquerait les droits despotiques du Grand-Turc ! Pareille prétention est exorbitante, et, voulût-on s'en prévaloir, il faudrait refouler la population arabe dans le Désert et lui infliger le sort des Indiens de l'Amérique du Nord, chose impossible et inhumaine.

9 Cherchons donc, par tous les moyens, à nous concilier cette race intelligente, fière, guerrière et agricole. La loi de 1851 avait consacré les droits de propriété et de jouissance existant au temps de la conquête, mais la jouissance mal définie, était demeurée incertaine. Le moment est venu de sortir de cette situation précaire. Le territoire des tribus, une fois reconnu, on le divisera par douars, ce qui permettra plus tard à l'Administration d'arriver à la propriété individuelle. Maîtres incommutables de leur sol, les indigènes pourront en disposer à leur gré, et de la multiplicité des transactions naîtront entr'eux et les colons des rapports journaliers, plus efficaces pour les amener à notre civilisation, que toutes les mesures coercitives.

10 La terre d'Afrique est assez vaste, les ressources à y développer sont assez nombreuses, pour que chacun puisse y trouver place et donner un libre essor à son activité suivant sa nature, ses mœurs et ses besoins.

11 Aux indigènes l'élevage des chevaux et du bétail, les cultures naturelles au sol.

12 A l'activité et à l'intelligence européennes l'exploitation des forêts et des mines, les dessèchements et les irrigations, l'introduction des cultures perfectionnées, l'importation de ces industries qui précèdent ou accompagnent toujours les progrès de l'agriculture.

13 Au gouvernement local le soin des intérêts généraux, le développement du bien-être moral par l'éducation, du bien-être matériel par les tra-

vaux publics. A lui le devoir de supprimer les règlementations inutiles et de laisser aux transactions la plus entière liberté. En outre, il favorisera les grandes associations de capitaux européens, en évitant désormais de se faire entrepreneur d'émigration et de colonisation, comme de soutenir péniblement des individus sans ressources, attirés par des concessions gratuites.

14 Voilà, Monsieur le Maréchal, la voie à suivre résolûment, car, je le répète, l'Algérie n'est pas une colonie proprement dite, mais un royaume arabe. Les indigènes ont, comme les colons, un droit égal à ma protection, et je suis aussi bien l'Empereur des Arabes que l'Empereur des Français.

15 Ces idées sont les vôtres, elles sont aussi celles du Ministre de la guerre et de tous ceux qui, après avoir combattu dans ce pays, allient à une pleine confiance dans son avenir une vive sympathie pour les Arabes, J'ai chargé le maréchal Randon de préparer un projet de sénatus-consulte dont l'article principal sera de *rendre les tribus, ou fractions de tribus propriétaires incommutables des territoires qu'elles occupent à demeure fixe et dont elles ont la jouissance traditionnelle, à quelque titre que ce soit.*

16 Cette mesure, qui n'aura aucun effet rétroactif, n'empêchera aucun des travaux d'intérêt général, puisqu'elle n'infirmera en rien l'application de la loi sur l'expropriation pour cause d'utilité publique : je vous prie donc de m'envoyer tous les documents statistiques qui peuvent éclairer la discussion du Sénat.

Sur ce, Monsieur le Maréchal, je prie Dieu qu'il vous ait en sa sainte garde.

NAPOLÉON.

II

SITUATION COMMERCIALE DE L'ALGÉRIE

Lorsqu'il s'agit du mouvement commercial d'un état quelconque, les statistiques officielles, après avoir donné le chiffre des importations et des exportations, ont coutume de réunir ces deux chiffres en un seul qu'elles appellent *mouvement général du commerce.*

C'est ainsi que dans la séance du Corps législatif du 23 janvier 1864, M. le commissaire du gouvernement, après avoir dit : en 1862, le chiffre des importations en Algérie a été de 137 millions, celui des exportations, de 63 millions, a réuni ces deux chiffres et a ajouté : le *mouvement général du commerce* de la colonie a été de 200 millions.

Puis, comparant ce chiffre 200 millions à celui de 165 millions qui exprime le mouvement général du commerce en 1861, il a conclu qu'il y avait progrès, parce que le premier de ces deux chiffres avait dépassé le second de 35 millions.

Si M. le général Allard avait conclu qu'il y avait progrès vers la ruine, vers la banqueroute, il eût été dans le vrai.

C'est ce que je vais démontrer précisément avec les mêmes chiffres.

N'est-il pas évident que le chiffre des importations dans la colonie est celui d'une *dette*, tandis que celui des exportations est celui d'un *avoir*? Dès lors, au lieu de les réunir pour en tirer une conclusion, il faut, au contraire, les séparer pour les comparer.

Si l'Algérie importe annuellement pour 137 millions de produits étrangers et qu'elle n'exporte que pour 63 millions des produits de son sol, elle redoit au bout de l'année 74 millions, et comme elle n'a pu trouver dans sa production agricole ou industrielle le moyen de compenser cet excédant de 74 millions de francs des importations sur les exportations, il faut nécessairement qu'elle le paie en numéraire.

Mais, outre ces 74 millions de francs, l'Algérie est encore grevée de 23 millions d'impôts, sans compter les taxes municipales, plus d'une somme qu'on n'évalue pas à moins de 10 millions par an, payée à l'absentéisme, c'est-à-dire à des particuliers qui possèdent des immeubles dans la colonie et qui en mangent les revenus en France ou à l'étranger.

On peut donc affirmer que l'Algérie paie ou doit payer chaque année, *en numéraire,* une somme de 107 millions.

Quelles sont ses ressources pour faire face à cette charge ?

Les voici approximativement :

1° Une somme approchant 40 millions, provenant de la dépense en numéraire faite par l'armée, dont une partie des approvisionnements et tout le matériel viennent de France ;

2° Le budget de la colonie que je suppose dépensé dans le pays même ;

3° Environ 4 millions, provenant de l'achat des tabacs par la régie.

Peut-être ne faudrait-t-il pas compter ces 4 millions qui doivent être compris dans le chiffre des exportations.

Quoi qu'il en soit, j'évalue ces ressources à 67 millions, lesquels, déduits des 107 millions ci-dessus mentionnés, laissent encore chaque année une dette de 40 millions que l'Algérie doit payer en numéraire.

Ce déficit, loin de se combler, se creuse de plus en plus chaque année ; le tableau suivant le prouve :

ANNÉES.	IMPORTATION EN ALGÉRIE.	EXPORTATIONS D'ALGÉRIE
	Valeur en francs.	Valeur en francs.
1831	6.504.000	1.479.600
1836	22.402.768	3.435.821
1841	66.905.784	4.302.210
1846	115.925.525	9.043.066
1851	66.950.582	19.792.791
1856	108.916.296	39.100.720
1861	116.600.095	49.094.120
1862	137.000.000	63.000.000

L'excédant des importations sur les exportations a toujours été en augmentant ; conséquemment, le progrès vers la ruine, vers la banqueroute, a été toujours croissant.

Comment est-il possible que l'Algérie résiste à une pareille situation financière, à un déficit annuel de 40 millions ?

Ceci explique pleinement pourquoi tout établissement particulier de crédit y est radicalement impossible et pourquoi ceux qu'on a essayé d'y fonder ont été inévitablement conduits à la faillite.

Telle est la situation commerciale de l'Algérie, elle justifie pleinement le mot de M. Cobden. « L'Algérie est un admirable pays, mais aujourd'hui en pleine banqueroute. »

On assure que, frappé de cette situation, et effrayé par les sinistres financiers qui tous les jours se manifestent, le Crédit foncier a ordonné à sa succursale en Algérie, de suspendre complétement ses avances, craignant avec raison la dépréciation des gages.

On assure également que la Compagnie du chemin de fer de la Méditerranée a offert au Gouvernement l'abandon de son cautionnement pour n'être point obligée de continuer la ligne déjà ouverte d'Alger à Blida.

Il est certain que le Gouvernement n'acceptera pas cette proposition, mais ne la regardera-t-il pas comme un indice sûr de la crise qui sévit sur la Colonie ? Quoi qu'il en soit, ce bruit accrédité deviendra le signal du retrait de toutes les associations financières qui auraient l'intention de fonder quelque chose en Algérie.

Disons sans retard quel changement s'opérerait dans la Colonie si le chiffre des exportations venait à équilibrer celui des importations.

D'abord elle n'aurait plus à son passif cet excédant de 74 millions des importations sur les exportations, et, comme j'ai évalué les bénéfices annuels de l'Algérie à 67 millions et ses charges à 33 millions (savoir 23 millions d'impôts et 10 millions payés à l'absentéisme), il est évident que, loin d'être en déficit, ses bénéfices annuels consisteraient en 34 millions de francs.

Le mot de la situation est donc *nécessité absolue d'équilibrer les exportations et les importations*.

Il se présente trois moyens d'arriver à ce résultat :

1° Augmenter chez les indigènes la production, jusqu'à concurrence de 74 millions en sus de ce qu'ils exportent annuellement ;

2° Obtenir cette augmentation de la colonie européenne ;

3° Enfin, l'obtenir à la fois, par le concours de la production des Indigènes et de la production dans la colonie européenne.

Avant d'examiner la valeur pratique de chacun de ces trois moyens d'équilibrer les exportations et les importations, il est indispensable de jeter un coup-d'œil sur la situation économique de l'Algérie.

III.

SITUATION ÉCONOMIQUE DE L'ALGÉRIE.

Pour qui se rend bien compte des causes qui ont amené la France et généralement les pays civilisés au degré de prospérité dont ils jouissent, il est hors de doute qu'ils le doivent à l'accumulation successive des travaux publics qui composent aujourd'hui leur fonds social, c'est-à-dire à l'immense développement des voies de communication et de leurs accessoires sans lesquels l'exploitation du sol est impossible.

Et bien, c'est précisément ce fonds social qui manque à l'Algérie, c'est parce qu'il n'y existe pas que les Indigènes demeurent plongés dans la barbarie et que la colonisation reste stationnaire.

La France est certainement un pays aussi beau et aussi fertile que l'Algérie. Eh bien ! supposons que, par un événement quelconque, les nombreuses routes et voies de communication qui sillonnent la France soient subitement supprimées, pour ne laisser subsister que les routes stratégiques, c'est-à-dire celles qui relient entre eux les chefs-lieux des divisions, subdivisions et autres postes militaires ; que pense-t-on qu'il en arrivât ?

Evidemment, la France reculerait promptement dans la barbarie, car alors son commerce, son agriculture, son industrie s'anéantiraient ; sa population diminuerait peut-être de plus de moitié, et son sol, livré à l'inculture, deviendrait malsain.

Eh bien ! l'Algérie est aujourd'hui dans la situation où retomberait la France, si on ne lui laissait pour toute viabilité que ses routes stratégiques. Il est donc incontestable qu'un état de choses qui ruinerait complétement la France est pour l'Algérie un obstacle insurmontable au progrès de la colonisation.

Si on jette un coup-d'œil sur la carte jointe à cet écrit et qui contient les routes stratégiques de l'Algérie, seules routes ouvertes jusqu'à présent dans notre colonie, et qui, sauf aux abords des villes principales, sont fort loin d'être entretenues, si, dis-je, on jette un coup-d'œil sur cette carte, et qu'au moyen du carré de *cent lieues carrées* (de 4 kilomètres) que j'y ai fait figurer, on cherche à évaluer la superficie des espaces blancs compris entre les routes stratégiques, on s'aperçoit qu'il existe de nombreux espaces de *cent* à *sept* ou *huit cents* lieues carrées où il n'existe pas de voies de communication.

L'Algérie est donc encore, à peu de chose près, le pays des transports à dos de mulet ou de chameau, le pays des caravanes, comme la Turquie, la Syrie, la Perse ou l'Arabie ; et, chose étrange, il ne s'est pas encore rencontré *un seul homme de gouvernement, un seul législateur, un seul administrateur* qui se soit aperçu que l'absence de viabilité assimilait notre colonie aux pays qu'eux-mêmes taxent de pays barbares, tant il est vrai que l'on ne prend pas garde aux choses qui, selon une expression vulgaire, *crèvent les yeux.*

Les voies de communication sont les artères qui vivifient un pays par la circulation : sans circulation, un pays végète et reste plongé dans l'inaction et la barbarie.

C'est pour avoir méconnu cette vérité, que le bilan de l'Algérie est aujourd'hui la banqueroute imminente sinon accomplie, le crédit ruiné et impossible à réhabiliter si la situation actuelle se prolonge, et elle se prolongera tant qu'existera l'impossibilité d'équilibrer les importations et les exportations c'est à-dire tant que durera la stérilisation de la terre par l'absence des voies de communication qui seules permettent aux populations agricoles d'apporter sur les marchés de la côte, leurs produits aux prix des mercuriales.

Que le lecteur se reporte au paragraphe 12 de la lettre de l'Empereur, il est impossible de ne pas y trouver la volonté de donner à la tâche dévolue à la colonisation européenne l'impulsion la plus active.

Le paragraphe 13 est encore plus explicite : non seulement l'Empereur entend donner à la colonie européenne une active impulsion, mais il va jusqu'à signaler les obstacles qui jusqu'à présent s'y sont opposés et qu'il charge le gouvernement local de faire disparaître, tels que *réglementation inutile, absence de la liberté des transactions.*

L'Empereur ne recommande-t-il pas, en outre, de favoriser les grandes associations de capitaux européens, de développer le bien-être matériel *par les travaux publics* ?

Comment s'y prend-on pour traduire en faits les précieuses indications de l'Empereur ? — Eh, mon Dieu ! toujours par le même procédé. Lorsqu'un système administratif est tellement embourbé qu'il ne peut plus se mouvoir, on *change périodiquement sa forme,* sans s'apercevoir que depuis trente-quatre ans ce procédé a reçu plus de dix ou douze échecs.

N'est-il pas évident que le remède ne consiste pas en ces métamorphoses (je dis nettement le mot) *de la centralisation administrative* laquelle, aujourd'hui, à bout d'inventions, en est réduite, comme un cheval aveugle qui tourne dans un manége, sans savoir ce qu'il fait, à repasser dans les mêmes traces.

« La centralisation administrative, dit M. de Tocqueville, réussit sans peine à imprimer une allure régulière aux affaires courantes, à régenter savamment les détails de la police sociale, à réprimer les légers désordres et les petits délits, à maintenir la société dans un *statu quo* qui n'est proprement ni une décadence, ni un progrès, à entretenir dans le corps social une somnolence administrative que les administrateurs ont coutume d'appeler bon ordre et tranquillité publique. Elle excelle en un mot, *non à faire,* mais *à empêcher.* Lorsqu'il s'agit de remuer profondément la société, ou de lui imprimer une marche rapide, sa force l'abandonne. Pour peu que ses mesures aient besoin du concours des individus, on est tout surpris alors de la faiblesse de cette immense machine ; elle se trouve tout à coup réduite à l'impuissance. »

Ces paroles ne sont-elles pas prophétiques, appliquées à l'Algérie. Ne voit-on pas clairement que la centralisation administrative qui aurait suffi à maintenir l'Algérie dans le *statu quo*, s'il y eût eu une population établie, n'a réussi qu'à *tout empêcher*, et que sans le concours d'une population absente, elle s'est trouvée réduite à l'impuissance.

Non seulement elle n'a rien créé, car on ne saurait appeler *création*, de minces résultats obtenus à grand renfort de budget, mais elle s'est exposée à voir détruire son embryon de colonisation. La loi de 1851 contenait la prohibition formelle aux Européens d'acquérir aucune propriété des Arabes en dehors de limites fort étroites. En revanche, rien n'empêche les Arabes d'acheter les terres livrées par l'administration aux Européens, en sorte qu'à un moment donné (il ne s'agit que d'y mettre le prix), tout le territoire dit colonisé, peut rentrer en la possession des Indigènes, et ce mouvement se manifeste déjà ; les Arabes surenchérissent les terres vendues à l'adjudication ; preuve matérielle qu'ils ont moins de répugnance qu'on ne croit à se mêler aux Européens.

L'Empereur a parfaitement vu que l'on avait presque complétement négligé en Algérie les travaux publics, et que toute l'œuvre de l'administration avait consisté en réglementation inutile, formant, depuis trente-quatre ans, soixante-huit gros volumes, et ce qu'il y a de remarquable dans la lettre de Sa Majesté, c'est qu'elle reconnaît (paragraphe 5) *la louable énergie des colons*, tandis que, nulle part, on n'y trouve aucun éloge des administrations, dont M. le maréchal Vaillant disait, dans un rapport : « Quant à moi, je n'hésite pas à le déclarer à Votre Majesté, il ne faut rien moins que le zèle et le dévoûment incessants de tous les fonctionnaires en Algérie, pour ne pas plier sous le fardeau qui pèse sur eux. »

Et cependant, aucun d'eux n'est mort à la peine, que je sache, tandis qu'on ne peut pas en dire autant des colons Européens.

Quant au gouvernement local, auquel l'Empereur défère *le soin des intérêts généraux, le devoir de développer le bien-être matériel par les travaux publics, de supprimer les réglementations inutiles, de laisser aux transactions la plus*

*entière liberté, de favoriser les grandes associations de capi-
taux européens*, je déclare que c'est une tâche qu'il lui est
interdit d'accomplir. — Pourquoi ? — Parce que toute la
réglementation vient de Paris, et qu'il n'a pas le pouvoir de
la modifier.

Le gouvernement local peut-il ouvrir des routes ? Non,
les prévisions du budget réglé à Paris ne le lui permettent
pas. — Peut-il laisser aux transactions la liberté prescrite
par l'Empereur ? Non, car il n'a pas le pouvoir de supprimer
la ligne de démarcation des territoires dits civil et *militaire* (je
souligne ce mot militaire, parce que je me réserve de le définir plus loin). — Peut-il favoriser les grandes associations
de capitaux européens ? Pas davantage, car toutes les déci-
sions à cet égard sont prises à Paris, où s'élèvent des obstacles presqu'insurmontables.

Je vais en citer un exemple. Il s'est formé à Paris une
compagnie au capital de quatre millions, qui sollicite depuis
plusieurs années l'autorisation d'établir un barrage sur la rivière Hamise. Elle est encore loin de l'obtenir. Pourquoi ?
Parce qu'au Conseil supérieur des ponts-et-chaussées, qui ne
connaît pas les localités, un ingénieur seul soulève constam-
ment des objections qui donnent lieu à des enquêtes et des
contre-enquêtes interminables. L'objection qui, aujourd'hui,
arrête l'opération, est celle-ci : le poids d'une nappe d'eau
de quarante à cinquante mètres de haut, opérera une pression si considérable sur le terrain du fond, que les infiltra-
tions absorberont toute l'eau amassée.

L'ingénieur qui a soulevé cette objection ignore donc que
lorsque des eaux courantes s'accumulent dans un lieu quelconque, il se forme un fond vaseux qui devient imper-
méable.

Au compte de ce membre du Conseil supérieur du Gouvernement algérien (il réside à Paris et non à Alger), la Méditerranée, dont la pression est incalculable, s'engloutirait
sous les terres sur lesquelles elle repose, et cependant il n'y
a pas de paysan qui ne sache former une mare à canards sur
un fond quelconque.

Il y a un an, ce même ingénieur objectait que le débit d'eau
du Hamis ne suffirait pas à remplir le réservoir. Un jaugeage
a eu lieu et a prouvé que cette rivière en fournissait plus du
double. Puisque *tout dépend* de l'appréciation de ce seul per-
sonnage, pourquoi ne formulait-il pas ses objections toutes
ensemble, afin qu'elles fussent levées d'un seul coup ? N'y au-

rait-il pas dans cette affaire un amour-propre froissé? Le même ingénieur a présidé à la construction, dans la province d'Oran, d'un barrage qui a complétement échoué, et ne voudrait-il pas empêcher un autre ingénieur plus habile, qui a dressé le plan et les devis du barrage du Hamis de mener l'entreprise à bonne fin?

Telle est la nature des obstacles à tout ce qu'on *veut entreprendre* en Algérie, et qu'il est hors du pouvoir du Gouverneur général de faire disparaître, et cependant quelle est la nécessité la plus urgente de la colonie, si ce n'est, après l'ouverture des routes, celle d'un système complet d'irrigations.

Comment est-il possible que de grands capitaux forment de grandes entreprises en Algérie, où le Gouvernement local n'a le pouvoir de rien décider, où il ne joue que le rôle de Gouvernement consultatif, où la centralisation lui refuse la faculté de prendre une détermination *de visu*, la réservant à l'administration centrale, qui ne voit pas par elle-même.

Ah! il y a longtemps que, dans ma pensée, j'ai absous le Gouvernement local et les administrations de tout ce qui se fait de contraire au progrès; ils sont enserrés dans une ornière si étroite qu'ils ne peuvent en sortir sans encourir le blâme de l'administration centrale. S'il faut s'étonner d'une chose, c'est qu'il se trouve des hommes de cœur et d'intelligence qui puissent encore se faire illusion et qui acceptent la responsabilité d'une tâche qu'il leur est interdit d'accomplir.

La volonté de l'Empereur est donc complétement neutralisée en Algérie, et par qui? — Par la centralisation administrative qui ne laisse au gouvernement local que le droit de la réglementation inutile, condamnée par l'Empereur.

La colonisation est une lutte contre des obstacles sans cesse renaissants. Comment veut-on que celui qui est chargé de diriger cette lutte aplanisse ces obstacles s'il n'est armé d'aucun pouvoir pour les supprimer, et si cette faculté est réservée à des hommes éloignés du champ de la lutte, qui ne voient pas les obstacles, et qui, le plus souvent, les nient.

Mais revenons à notre sujet : le paragraphe 5 de la lettre de l'Empereur signale un fait capital : « Sur les 420,000 hec-
» tares concédés aux colons, une grande partie a été soit re-
» vendue, soit louée aux Arabes par les concessionnaires, et
» le reste est loin d'être mis en rapport. »

Quelle en est la raison? — Toujours l'absence des voies de communication, et, par suite, l'impossibilité d'exporter les produits des terres. Preuve convaincante qu'il ne suffit pas de donner des terres pour attirer les populations, mais qu'il faut encore ouvrir des chemins praticables en tout temps pour que les terres puissent être mises en rapport.

Installer des colons européens civilisés sur des terres dépourvues de voies de communication, c'est arriver à coup sûr à en faire des bédouins, car ne pouvant rien exporter, ils ne cultiveront que pour leur subsistance, ils ne pourront rien ou presque rien importer : le commerce sera nul. Ce sera transformer la civilisation en barbarie.

N'est-ce pas une absence complète de logique que d'envoyer pompeusement, chaque année, aux expositions de Paris, de Londres et d'autres pays, de brillants et magnifiques spécimens des richesses que renferme l'Algérie, tandis qu'on ne peut, dans l'état actuel de cette colonie, produire que des échantilons, et que si, par suite de ces exhibitions, une commande considérable avait lieu, on serait dans l'humiliante impossibilité d'y satisfaire.

IV.

EXAMEN DES MOYENS D'ÉQUILIBRER LES IMPORTATIONS ET LES EXPORTATIONS.

J'ai dit plus haut qu'il y avait trois moyens d'arriver à équilibrer les exportations et les importations ; le moment est venu d'examiner leur valeur pratique.

Le premier est d'obtenir des indigènes une somme de produits exportables équivalente à 74 millions en sus de ce qu'ils exportent annuellement. Y a-t-il espoir d'arriver à ce résultat ? Je ne pense pas ! voici pourquoi.

D'après les statistiques, les Arabes ne possèdent, comme matériel de transport, que des bêtes de somme représentant de 120 à 130 mille mulets. Avec ce matériel, ils ont pu apporter sur les marchés pour environ 30 millions de francs de produits ; c'est la part que les tableaux des exportations dressés par l'administration leur assignent par la nature même des produits exportés (huiles, céréales, peaux, cire, laine, etc.).

S'ils pouvaient tirer de leur sol pour 74 millions de produits en sus des 30 millions qu'ils exportent, il leur faudrait augmenter leur matériel de transport, de 130,000 mulets à 450,000, éventualité impraticable ; lors même que, sans avoir recours à cette augmentation de matériel de transport, ils viendraient à augmenter leurs produits exportables jusqu'à une valeur de 104 millions, comptant sur les colons européens pour venir les prendre sur le lieu de production même, l'exportation serait encore impossible, parce qu'il n'y a pas de routes carrossables. Les indigènes ne produiront donc pas au delà de ce qu'ils peuvent porter sur les marchés.

Mais il y a une autre impossibilité non moins réelle. La voici :

2,700,000 Indigènes, répandus sur plus de 5,000 lieues carrées de territoire, n'ont pu produire qu'une valeur exportable d'environ 30 millions de francs ; tandis que 50,000 âmes de population agricole européenne, restreinte à 250 lieues carrées de territoire, ont pu produire pour l'exportation, une valeur d'environ 30 millions, c'est-à-dire autant que les Indigènes.

La puissance de production des Européens est donc 50 fois plus grande que celle des Indigènes.

Il est donc incontestable que c'est à la population agricole européenne seule qu'il faut demander ce surcroît de 74 millions de francs de produits pour équilibrer les exportations et les importations.

Que faut-il pour cela ? Porter la superficie du territoire colonisé de 250 lieues carrées à 875 et la population agricole européenne de 50,000 à 175,000 âmes.

Mais, je le répéterai à satiété, ce résultat n'est possible que si, en même temps et même avant la distribution des terres, on les dote d'un réseau de bonnes routes, carrossables en toute saison.

Le troisième moyen serait de demander à la fois aux Indigènes et aux Européens ce surcroît d'exportation. Cela ne se pourra qu'en ouvrant aussi de nombreuses voies de communication en territoire arabe.

L'ouverture des routes serait aussi favorable aux Indigènes qu'aux Européens, car ces derniers pourraient alors aller chercher les produits indigènes sur le lieu même de la production.

V.

RÉSULTAT FINANCIER DE L'OUVERTURE DES ROUTES.

Si on ouvre une route d'une lieue métrique de longueur ou de 4 kilomètres, on rend exploitables deux lieues carrées de territoire, une lieue à droite, une à gauche de la route, soit 3,200 hectares.

Un hectare de terre bien préparée rend 12 fois la semence ;

conséquemment, chaque hectare rendra 10 quintaux métriques de blé, lesquels, à 18 fr. le quintal métrique, produiront 180 fr. bruts et 100 fr. nets.

Supposons qu'une lieue métrique de route coûte à établir 100,000 fr., une dépense de 100,000 fr. aura créé un capital net de 320,000 fr.

J'ai pris pour exemple le blé, mais il est évident qu'en cultures industrielles, le rendement sera infiniment supérieur. Marseille voit passer annuellement dans ses docks pour plus de 50 millions d'huiles de toutes sortes que l'Algérie peut aisément et abondamment produire.

Hésiterait-on à dépenser 100,000 fr. pour créer annuellement une valeur de plus de 4 à 500,000 fr.?

Poser la question, c'est la résoudre.

Chaque fois que j'ai posé cette question aux autorités, il m'a été invariablement répondu : « Nous n'avons pas d'argent pour ouvrir des routes »

Ainsi, tout semblerait dit sur l'avenir de la colonie si on persévérait dans cette voie.

On n'a pas d'argent. Rien ne serait cependant si facile que de s'en procurer : il y a deux moyens : 1° l'emprunt ; 2° la suppression du gouvernement franco-arabe.

Je vais exposer le premier moyen, avant d'entamer le second, qui sera le plus long à traiter, à cause des résistances qu'il a déjà soulevées.

Pour trouver à emprunter, dira-t-on, il faut offrir une garantie, un gage. — Le gage est tout trouvé, il existe en Algérie, c'est le sol algérien.

Je ne me suis jamais bien rendu compte pourquoi le Gouvernement n'avait jamais attribué au sol de l'Algérie une valeur quelconque. Ce sol a cependant une valeur réelle, et dans les régions traversées par des routes, il a acquis une valeur de plus de 200 fr. par hectare et bien supérieure quand il est pourvu de bâtiments d'exploitation.

Le sol est donc le gage à offrir aux prêteurs. Si donc, en attendant l'établissement de l'impôt foncier, on frappe le sol traversé par des routes d'une taxe fixe de 3 fr. par hectare, on recueillera, par chaque lieue de route, 9,600 pour les 3,200 hectares qui la longent à droite et à gauche. J'ai supposé que le coût moyen d'une lieue de route, est de 100,000 fr. Si l'emprunt est fait au 6 p. 100, l'intérêt de ces 100,000 fr. sera de 6,000 fr., il restera encore 3,600 fr. pour l'entretien et pour l'amortissement.

Personne assurément ne trouvera exagérée une taxe de
3 fr. par hectare, puisque, par le moyen d'une route, on aura
mis la terre en état de produire plus de 100 fr. nets, par hectare et peut-être plus du double en cultures industrielles. **Ce**
ne sont pas les taxes productives qu'on redoute, mais bien
celles qui ne créent rien, et malheureusement toutes celles
dont l'Algérie est frappée sont à peu près de cette dernière nature.

Peut-être, objectera-t-on, car à quoi ne fait-on pas d'objections, la difficulté de percevoir cette taxe sur des terres n'ayant
pas de propriétaire connu ou possédées collectivement par
des Indigènes. Rien cependant ne sera plus simple : on met-
tra en demeure les propriétaires individuels ou collectifs de
se déclarer dans les trois ou six mois, à défaut de quoi ces
terres feront retour à l'Etat qui les vendra à rente, moyen-
nant la taxe. Il est hors de doute que les propriétaires, soit
individuels, soit collectifs, se feront connaître, attendu qu'ils
préféreront toujours payer 3 fr. par hectare plutôt que d'encourir la dépossession. L'Etat, dans ce cas, s'attribuera les
moyens expéditifs d'expropriation qu'il a si généreusement
accordés au crédit soi-disant foncier.

Qu'on se contente pour commencer, d'emprunter 10 millions, avec lesquels on pourra faire 100 lieues de route.
L'intérêt de ces 10 millions sera de 600,000 fr. et le revenu
de la taxe foncière sera de 960,000 fr.

Quel atelier de travail et quelle création de richesses
n'obtiendrait-on pas d'un emprunt successif de 100 millions.

VI.

SECOND MOYEN D'OBTENIR SANS EMPRUNT TOUT L'ARGENT
NÉCESSAIRE A LA CRÉATION DE LA VIABILITÉ.

Nous voici arrivé à l'examen de la forme la plus exorbitante qu'ait pu révêtir la centralisation. Je sais que j'attaque
le taureau par les cornes, mais n'importe, c'est avec l'aide
de la lettre de l'Empereur que j'entrerai en lice.

Ce qui a si fort effrayé la colonie algérienne, c'est le 14e
paragraphe de la lettre de Sa Majesté où l'on trouve ces
mots : « l'Algérie n'est pas une colonie proprement dite,
» *mais un royaume arabe.* »

L'Empereur n'a pas dit « *l'Algérie sera un royaume
arabe,* » sa phrase n'engageait donc nullement l'avenir.

L'Empereur constatait purement et simplement l'état dans lequel il a trouvé l'Algérie, lors du voyage qu'il y fit en 1860.

En effet, une contrée de 30 à 40,000 lieues carrées, habitée par environ 3 millions d'arabes, et sur laquelle 250 lieues carrées seulement sont livrées à la colonisation, n'est-elle pas un royaume arabe ?

Une terre où l'on a tracé une ligne séparative, infranchissable, entre l'élément civilisateur et l'élément arabe, n'est-elle pas un *royaume arabe* ?

Un pays gouverné par 8 khalifats, 8 bach-aghas, 34 aghas et 656 caïds, etc., n'est-il pas un *royaume arabe* ?

Et pour que l'Empereur ne pût s'y tromper, ne lui a-t-on pas donné le spectacle de tous ces fonctionnaires arabes, réunis à l'avance à Alger ?

Qui a créé ce royaume arabe ? — Est-ce l'Empereur ? — Non certes : cette organisation date de 1837. Elle fut détruite le 5 mars 1839, par M. le maréchal Valée, enfin remise en vigueur le 16 août 1841, par le maréchal Bugeaud, et elle subsiste encore, malgré ses nombreuses défaillances, soutenue qu'elle est par notre armée à qui cette tâche est imposée.

Loin donc de s'effrayer du mot qui termine la lettre de l'Empereur, l'Algérie doit plutôt lui rendre grâces, pour avoir trouvé l'expression propre, *royaume arabe*, qui définit, sans équivoque possible, le gouvernement arabe de l'Algérie, lequel, jusqu'à présent, s'était sournoisement déguisé sous le nom de *gouvernement militaire*.

Quant à moi, je remercie sincèrement l'Empereur du puissant appui qu'il a donné à l'Algérie, car c'est seulement depuis le 6 février 1863 que l'on a commencé à discerner nettement les choses, et que s'est élevée, à la tribune, par la voix même d'anciens chefs des bureaux arabes, l'imposante et générale réprobation du gouvernement arabe, infligé depuis trop longtemps à l'Algérie.

C'est l'Empereur lui-même qui a éventé la mèche en appelant les choses par leur nom : je lui en rends grâces de nouveau.

On a également mal compris le sens des paroles de Sa Majesté « Je suis aussi bien l'Empereur des Arabes que » l'Empereur des Français. »

Se serait-on effrayé en France s'il avait dit « Je suis aussi bien l'Empereur des Normands, que celui des Provençaux ?

Dans le même paragraphe, l'Empereur a, du reste, donné l'explication exacte de ses paroles, en disant : « Les Indi-
» gènes ont, comme les colons, un droit égal à ma pro-
» tection. »

Jamais, en effet, les Indigènes n'ont eu plus besoin de la protection de Sa Majesté, car jamais ils n'ont été plus bar-barement traités qu'ils ne le sont aujourd'hui par le gouvernement franco-arabe.

Qu'on ne s'attende pas ici à de violentes récriminations ; jamais, au contraire, question n'a demandé à être traitée avec plus de calme ; une simple analyse de ce qu'est le gouvernement *franco-arabe* portera avec elle son enseignement.

Définissons d'abord d'une manière catégorique la tendance de ce gouvernement, telle qu'elle ressort du discours de M. le général de L..., prononcé en 1848 devant la grande Commission, dite de Législation algérienne, instituée au Ministère de la guerre.

« La tribu arabe, disait ce général, est plus qu'une com-
» mune, elle n'est pas tout à fait une nation ; elle répond de
« tous les délits commis sur son territoire, dont *elle a la*
» *jouissance et non la possession*. Mais si un Européen
» vient s'établir sur son territoire *avec les éléments fâcheux*
» *qu'il amène à sa suite*, la constitution de la tribu se trouve
» faussée, son unité perdue et le maintien de la responsabilité
» dans de telles conditions, excite les plaintes les plus vives
» de la part des Arabes. De là *l'utilité des prohibitions d'ac-*
» *quérir imposées* à diverses époques aux Européens au-delà
» de certaines limites. »

Voilà qui est clair : *maintien intégral et indéfini de la tri-bu arabe ; éloignement systématique des colons européens dé-signés sans réticence comme des éléments fâcheux.*

L'esprit des bureaux arabes n'a pas changé, et ils ont dû gémir des paroles imprudentes que je viens de citer, car elles ont servi à dévoiler le masque dont le gouvernement franco-arabe s'est couvert avec une singulière habileté en se baptisant *gouvernement militaire*, de même qu'il a baptisé le territoire arabe du nom de *territoire militaire*.

Ce gouvernement franco-arabe se compose de 49 bureaux arabes dont un central à Alger, dit Bureau politique, trois bureaux divisionnaires, et 45 bureaux simplement dits bureaux arabes. Sous ces 49 bureaux arabes fonctionnent :

<pre>
    8 Kalifats   )
    8 Bach-aghas   )
   34 Aghas   ) avec goums.
  656 Caïds   )
</pre>

On voit déjà qu'il suffit d'une simple nomenclature pour prouver que ce gouvernement n'est nullement un gouvernement militaire.

Il n'existe, en effet, dans l'armée aucun grade de chef de bureau arabe, de kalifat, de bach-agha, d'agha et de caïd.

Il faut donc restituer à cette hiérarchie son véritable nom qui est gouvernement franco-arabe, car il ne suffit pas que quelques officiers, isolés, détachés de leurs corps, fassent partie de ce gouvernement pour attribuer ses actes à l'armée; et je puis l'attester, pour avoir fait longtemps partie de l'état-major général de l'armée d'Afrique, jamais, au grand jamais, l'armée n'a pris aucune part ni dans le gouvernement civil ni dans le gouvernement arabe.

Il est donc temps que l'Algérie et la France reviennent d'une erreur qui a fait peser sur l'armée la reprobation générale qu'a soulevée le gouvernement franco-arabe; il est temps que l'on rende pleine et entière justice à cette armée dévouée qui, loin d'avoir été un obstacle à la colonisation, a toujours été et est encore sa seule condition d'existence.

Qu'on remarque du reste combien les vues de l'Empereur sont contraires à celles des bureaux arabes.

Les bureaux arabes avaient déclaré que les Arabes n'avaient que *la jouissance et non la possession de leur territoire*; l'Empereur non seulement réprouve cette spoliation, mais déclare nettement, dans le paragraphe 8 de sa lettre, que l'Etat *ne peut s'armer des principes surannés du mahométisme, pour dépouiller les anciens possesseurs du sol, que la prétention d'invoquer les droits despotiques du Grand-Turc est exorbitante, et que s'en prévaloir, ce serait infliger à la race arabe le sort des Indiens de l'Amérique du Nord, chose impossible et inhumaine.*

Les bureaux arabes ont à diverses époques provoqué les prohibitions aux Européens, d'acquérir au-delà de certaines limites; l'Empereur (dans le paragraphe 13), *veut que l'on laisse aux transactions la plus entière liberté.*

Les bureaux arabes ont tracé à la colonisation une ligne infranchissable: l'Empereur (dans le paragraphe 9) veut *que de la multiplicité des transactions naissent entre les Indigènes et*

*les colons des rapports journaliers plus efficaces pour les ame-
ner à notre civilisation que toutes les mesures coercitives.*

Toute la lettre de Sa Majesté est donc une énergique réprobation des actes et tendances des bureaux arabes, et cependant ils existent encore et rien n'a été changé.

Le mécanisme du gouvernement franco-arabe fonctionne,
il est vrai, sous l'autorité du Gouverneur général, du Sous-
Gouverneur et des généraux de l'armée, voilà sans doute la
raison pour laquelle il a pris le pseudonyme de gouvernement militaire, mais les événements qui surgissent de temps
à autre prouvent qu'il y a dans le fonctionnement du gouvernement franco-arabe deux actions fort distinctes : 1° celle
des bureaux arabes ; 2° celle des généraux.

J'affirme que l'action particulière et personnelle des bureaux arabes échappe la plupart du temps au Gouverneur
général, au Sous-Gouverneur et à tous les généraux qui ne
sortent pas des bureaux arabes ; en voici la preuve.

Lors de la déplorable affaire Doineau, le général commandant la subdivision de Tlemcen et celui qui commandait la
division d'Oran avaient-ils connaissance des dissensions pro-
fondes qui existaient entre M. Doineau, chef d'un bureau arabe, et l'agha qui fut assassiné en territoire civil, dans la dili-
gence où il avait pris place pour aller se plaindre au général
commandant la division d'Oran ? Certainement non, autre-
ment ils y auraient mis ordre.

Voici un autre fait généralement connu. Qu'on demande à
un Arabe quelconque : Quel est le général qui commande le
territoire sur lequel tu demeures ? L'Arabe répond invariablement : je ne sais pas, je ne connais que le *captan* du bureau arabe.

VII.

RÉSULTAT FINANCIER DU GOUVERNEMENT FRANCO-ARABE.

Selon M. le général Allard, voici le détail de l'impôt arabe
pour 1862 :

L'hokor a produit	1.293.120 fr.
La lezma	1.649.153
Le zekkat	5.027.731
L'achour	5.362.763
Recette brute	**13.332.767**

« Si on défalque de la recette brute la part du dixième qui
» est attribuée aux chefs indigènes pour leur rémunération
» dans la perception de l'impôt, on arrive à un total net de
» 12,026,500 francs. »

La part attribuée à la perception est de 1,333,277 fr. Or,
cette part doit se repartir entre 706 chefs arabes ; la part
moyenne et annuelle afférente à chacun d'eux est donc de
1,888 fr.

Penserait-on, sérieusement, que les chefs arabes puissent,
avec cette somme de 1,888 fr., faire face aux dépenses qu'oc-
casionnent leurs fonctions, qu'ils puissent rétribuer leurs
kalifats, leurs kodjas (écrivains), leurs mokazenis (cavaliers)?
Ce serait pousser la crédulité outre mesure.

Dès l'instant que ces 1,888 fr. ne peuvent suffire à leurs
dépenses, il est évident qu'ils doivent y pourvoir d'une autre
façon.

Les bureaux arabes ont la prétention d'exercer un contrôle
réel sur les opérations des kaïds et autres chefs arabes ; le
contraire est facile à prouver.

Chaque bureau arabe, composé de deux ou trois officiers,
doit gérer une circonscription d'environ 300 lieues carrées,
habitées par 60,000 arabes, surveiller les opérations de 15
chefs arabes ; chaque bureau arabe doit, chaque année,
compter les chameaux, les chevaux, mulets et ânes, têtes de
gros et menu bétail, les charrues, les gebdas ensemencés,
enfin s'assurer du produit de la récolte d'une population de
60,000 âmes, afin d'établir l'achour.

Ce contrôle est manifestement impossible. Dès lors, chaque
bureau arabe doit s'en rapporter aveuglément aux chefs
arabes.

Le système financier du gouvernement turc ou musulman ne consistait pas à rétribuer les emplois, mais à les vendre aux plus offrants et derniers enchérisseurs, leur laissant
ensuite la pleine et entière liberté de se rattrapper sur les
populations.

C'était le système en vigueur sous les deys, sous Abd-el-
Kader: nous l'avons adopté. Nous ne vendons pas les emplois,
il est vrai, mais, attendu l'impossibilité matérielle du contrôle, ce sont les chefs arabes qui fixent eux-mêmes la somme à verser annuellement. Une fois ce chiffre accepté, ils
croient avoir pleine et entière liberté de perception sur les
populations, et quand cette dangereuse liberté existe, on ne
peut lui assigner de limite que la ruine des populations.

Voici une approximation de ce qui doit se passer ·

13,333,277 fr. d'impôts arabes, répartis sur une population de 2,700,000 âmes, donne une cote annuelle et par tête de 4 fr. 50 c.

Croirait-on réellement que les indigènes ne paient que cette bagatelle ? J'affirme qu'ils en paient au moins le quintuple, c'est-à-dire au moins 20 francs par tête, et je le prouve :

Lors de notre débarquement en Afrique en 1830, et j'en faisais partie, le prix des denrées était à peu près le suivant :

Un bœuf	12 à 15 fr.	
Un mouton	5 fr.	
Une poule	»	30 c.
Un cent d'oranges	⅃	30 c.

Les prix des autres denrées et objets suivaient la même proportion.

Aujourd'hui, ces prix sont plus que décuplés, tandis que le peuple arabe ne consomme guère plus qu'en 1830. Sa richesse en numéraire a donc décuplé.

J'affirme donc qu'en raison de l'accroissement du prix de leurs produits, les Arabes pourraient payer un cote au moins quintuple, c'est-à-dire 20 francs.

Ils la paient, en effet, et bien plus encore, car je ne fais pas aux chefs arabes l'injure de les croire assez ineptes pour ne s'être pas aperçu de cet accroissement de richesse, et pour laisser entre les mains des Arabes ces 16 francs que nous abandonnons si bénévolement.

Où passent donc ces 40 millions que le trésor perçoit en moins ? Ils sont absorbés par la hiérarchie des chefs arabes.

Si cette preuve n'est pas satisfaisante, en voici une autre plus positive :

On lit dans une brochure de M. le général de Bourjoly qu'étant chargé de donner l'investiture à un kalifat (Sidi-el-Aribi, je crois), il lui dit en lui remettant le burnous : « vous recevrez 18,000 fr. de traitement. «Vous serez payé exactement », répondit le kalifat, prenant le change et croyant que ce chiffre de 18,000 francs était celui de la redevance qu'on lui demandait et le trouvant très modique.

M. le colonel Ribourt rapporte ainsi dans sa brochure le

fait suivant : « Le Maréchal Randon recevait un jour la vi-
» site de quelques chefs de la division d'Oran qu'il avait
» connus autrefois. Un d'eux lui dit : *Quand donc me lais-*
» *seras-tu manger ?* Le maréchal qui lui trouve la mine
» prospère, s'étonne. — Tu ne me comprends pas, dit l'A-
» rabe, je te demande un commandement. »

Commander et manger sont donc synonymes dans la pensée des chefs arabes.

Qu'on doute maintenant après cet aveu naïvement expressif
que la population arabe soit littéralement mangée par les chefs
arabes.

Non-seulement le revenu le plus clair du pays arabe passe
entre les mains des chefs arabes, mais encore toute la production des indigènes est paralysée par leurs exactions : on
se refuse, en effet, à tout travail producteur, lorsqu'on a la certi-
tude, comme l'ont les Arabes, de ne jamais pouvoir recueillir
et conserver le fruit de son travail. Et tout cela se fait au nom
de la France. Qu'on juge quelle haine doit accumuler contre
nous, chez les Arabes, le gouvernement franco-arabe !

Il est bien entendu que je ne veux pas ici répéter tout ce qui
a été dit sur la participation des bureaux arabes à ces exactions :
J'admets pleinement la parfaite probité de leurs membres ; s'il
en est quelques-uns qui succombent à la tentation, je ne puis
l'attribuer qu'au désir de ne pas s'exposer au genre de mort
d'Aristide qu'ils considèrent, sans doute, comme le plus tragique
de l'antiquité, *Aristides mortuus est pauper.*

J'admettrais même, à la rigueur, que l'on pût fermer les yeux
sur les exactions des chefs arabes, si le gouvernement franco-
arabe avait par lui-même une force suffisante pour se soutenir,
comme cela était du temps du Dey et des Beys. Mais qu'on retire
pour un instant notre armée: aussitôt, Bureaux arabes, Khalifats, Aghas, Caïds et Goums seront culbutés, si ce n'est mas-
sacrés. Il n'a donc aucune valeur comme force. C'est notre
armée qui est son seul appui.

Dès-lors, un système qui ne peut se soutenir qu'au moyen
d'une armée de plus de 60,000 hommes et qui absorbe au dé-
triment du trésor plus de 40,000,000 par an, est complète-
ment inutile et, par cela même, condamné irrévocablement
dès qu'on aura ouvert les yeux à la lumière.

Qu'on n'infère cependant pas de la nécessité de supprimer ce
système, la possibilité de diminuer le chiffre de l'armée. Nous
aurons besoin de l'armée tant que l'Algérie sera située entre
deux puissances livrées encore à la barbarie, le Maroc et Tunis;

et qui sait si, plus tard, cette armée ne sera pas nécessaire pour y substituer la civilisation à la barbarie.

Les bureaux arabes, à bout d'arguments, persistent à attribuer l'insurrection récente du Sud au fanatisme musulman. C'est, je l'affirme, se tromper volontairement ; le seul fanatisme existant aujourd'hui est le fanatisme de la misère et du désespoir. La guerre sainte a cessé depuis la chute d'Abd-el-Kader. Quand elle devait avoir lieu, les Indigènes attendaient toujours la fin des récoltes, afin d'assurer leur subsistance. Aujourd'hui, elle a commencé quatre mois avant cette époque ; il a donc fallu de bien cruelles extrêmités pour que les tribus aient préféré souffrir la faim, la soif et la mort dans le Sahara, plutôt que la domination des bureaux arabes et des chefs arabes.

Aujourd'hui, il n'y a que les aveugles qui ne veulent pas voir que c'est la guerre déclarée aux caïds et, par suite, aux bureaux arabes ; pour qu'on n'en puisse douter je cite des communications officielles (*Moniteur de l'Algérie*).

> « Alger, le 23 mai 1864.

» Nous recevons la communication suivante :

» Les dernières dépêches venues d'Oran annoncent que Si
» Lazereg, le chef du mouvement insurrectionnel chez les Flit-
» tas, s'est rendu successivement chez les Beni-Snassen, les
» Keraïch, les Hallouya et les Matmata du cercle d'Ammi-
» Moussa.

» Obéissant à ses conseils, les Matmata ont voulu assassiner
» leur caïd qui a pu gagner seul Ammi-Moussa, mais son kalifa
» ainsi que ses mokazenis ont été tués. »

On lit dans l'*Akhbar* du 4 décembre 1864 (communication officielle) :

« Le général Ducrot, après avoir fait arriver à Djelfa le con-
» voi qui marchait sous la protection de sa colonne, s'est porté
» chez les Sahari Ouled Brahim de l'aghalik de Titeri dont les
» mauvaises dispositions s'étaient manifestées en plusieurs cir-
» constances. *Cette tribu avait dernièrement repoussé à coups*
» *de fusil son caïd qui lui apportait des ordres.* »

Le même journal, en date du 27 novembre 1864 (communication officielle) contient cet aveu naïvement triste :

« La situation du Sud continue à *s'améliorer*, les insurgés

» qui restent enfoncés dans le Sahara voient se détacher d'eux
» quelques douars qui rentrent dans le Tell. *Leur misère est des*
» *plus grandes, si on en juge par celle de plusieurs tentes du*
» *cercle d'Ammi-Moussa, qui après s'être laissé entraîner à*
» *la fin du mois d'août, par Si Mohammed, viennent de re-*
» *venir dans leur pays; leurs troupeaux ont disparu, les*
» *femmes et les enfants sont pour la plupart morts de fatigue*
» *et de faim.* »
On appelle cela une situation qui s'améliore.

Telle est la civilisation qu'on impose aux Indigènes en territoire arabe. La seule définition qu'il soit possible d'en donner est celle-ci : être *mangés sans se plaindre par les chefs arabes, ou aller périr dans les solitudes du Sahara,* tandis que les 300 mille Indigènes qui se sont établis en territoire civil où le système franco-arabe ne peut les atteindre, prospèrent et ne se plaignent pas.

Après avoir fait ressortir l'impuissance radicale du gouvernement franco-arabe à se soutenir par ses propres forces, il faut se demander qu'elle est sa valeur civilisatrice :

Elle est nulle. — A-t-il ouvert un seul kilomètre de routes en territoire arabe ? — Non. — S'est-il fait remarquer par quelque création utile ? — Encore non. S'il allègue qu'il a fait creuser des fontaines artésiennes dans le Sahara, il s'attribue une gloire qui ne lui appartient pas : c'est l'armée qui les a creusées et les indigènes ne s'y sont pas trompés.

D'après la lettre de l'Empereur, a-t il aboli la ligne infranchissable dans laquelle il a claquemuré la civilisation européenne ? — Non, elle existe encore aussi infranchissable que par le passé.

Loin donc d'avoir fait faire un pas à la civilisation des Arabes, l'unique soin des bureaux arabes a été d'en éloigner l'élément civilisateur désigné comme élément fâcheux.

Ainsi, à tous les points de vue, le gouvernement franco-arabe est condamné ; sans doute il vivra encore quelque temps, mais si ses exécutions contre les populations continuent, bientôt il n'y aura plus d'indigènes à *manger*, et alors non-seulement sa complète inutilité paraîtra au grand jour, mais il aura infligé au peuple arabe le sort des Indiens dans l'Amérique du Nord.

Je ne fais aucun doute que la profonde irritation des bureaux arabes contre les insurgés ne provienne du désappointement que leur a fait éprouver l'insurrection. Mais quand la coupe est pleine, une seule goutte la fait déborder.

VIII.

MOYENS SIMPLES POUR REMPLACER LES BUREAUX ARABES ET LES CHEFS ARABES.

Dans l'origine, les bureaux arabes n'étaient que les auxiliaires du commandement, mais, par des empiétements successifs d'attributions, ils se sont élevés à l'état d'institution et c'est à ce titre qu'ils veulent se perpétuer.

Mais aujourd'hui, après l'échec qu'ils viennent de subir, leur défaillance et leur impuissance, sans le secours d'une armée de 70,000 hommes, sont trop évidentes pour qu'il ne soit pas urgent de les supprimer et d'avoir recours à un système plus efficace et qui ne soit pas le contrepied de la civilisation. Or, la création en Algérie de plusieurs légions de gendarmerie est le moyen tout indiqué pour les remplacer.

La gendarmerie est une *magistrature armée* qui connaît les lois. Partout où elle existe, elle a une grande influence sur les Arabes qui la respectent et lui obéissent sans murmure et sans haine.

Elle est donc l'instrument le plus propre à opérer la transition de la barbarie à la civilisation et cet instrument, a, outre l'avantage d'être légal, celui non moins grand d'être au moins aussi militaire que la hiérarchie des Chefs arabes.

Alors on pourra transformer l'impôt de quotité en impôt de répartition proportionnellement à la population et à l'étendue du territoire de chaque tribu : cet impôt, porté si l'on veut au quadruple de celui payé, actuellement, sera payé mais à la condition expresse qu'il n'y aura plus de chefs arabes et d'exaction et pourra être perçu par des agents du Trésor.

J'admets même qu'au lieu de 40 millions en sus de l'impôt actuel on ne tire de la suppression du gouvernement arabe que 10 millions par an, cela suffira amplement pour commencer sans délai le réseau de la viabilité, sans taxer les terres.

CONCLUSION.

Bien que le réseau de la viabilité et la suppression du gouvernement franco-arabe soient d'urgente et de première nécessité pour remettre la colonie à flots, il est encore d'autres mesures indispensables à prendre.

Pourquoi le Conseil d'Etat est-il saisi de l'examen du décret qui accordera les élections municipales à l'Algérie ?

Cette question n'est-elle pas toute étudiée, n'y a-t-il pas 37,000 communes qui en jouissent en France, et quel danger peut-il résulter pour l'Etat que l'Algérie en jouisse à son tour ?

Pourquoi le budget colonial est-il discuté au Corps législatif, puisque la France ne contribue en rien aux dépenses coloniales, et que l'Algérie n'y a point de représentants ?

Sauf le budget de l'armée, qui serait également payé en France, l'Algérie ne demande aucun sacrifice à la métropole ; elle ne lui demande que la liberté d'action qui lui manque, non cette liberté qui tend sans cesse à supplanter le gouvernement, mais la liberté au peuple de veiller lui-même à ses intérêts et de n'en confier la gestion qu'à des hommes de son choix, mais la mise en pratique réelle de la maxime : que si on peut bien gouverner de loin, on n'administre bien que de près.

Administrer de près, c'est placer l'Administration où elle doit être, c'est-à-dire entre les mains mêmes des administrés.

N'est-ce pas le peuple qui produit ; n'est-ce pas à lui qu'est dévolue cette action réparatrice qui pourvoit à la fois aux besoins de la nation et aux dépenses du gouvernement ? N'est-ce pas le peuple qui, selon les expressions très justes de M. Proudhon, recherche et découvre les gisements de la richesse, qui invente les moyens les plus économiques de se la procurer, qui la multiplie, soit par des façons nouvelles, soit par des combinaisons de crédit, de transport, de circulation, d'échange ? N'est-ce pas le peuple qui *crée tout de rien* ? Dès-lors, n'est ce pas lui, qui doit, dans ses propres affaires, aviser, définir, organiser, commander, c'est-à-dire *administrer ?*

L'intérêt particulier sait mieux discerner ce qui lui est utile que les administrations ; il peut, sans doute, se tromper quelquefois, mais il se corrige promptement par la pratique, tandis que les administrations ne s'aperçoivent de leurs erreurs qu'après les désastres et lorsqu'il n'est plus temps d'y remédier.

Lorsque l'administration d'un pays où tout est à faire, est laissée aux populations, elles apprennent promptement qu'en travaillant pour la prospérité et la richesse publiques, elles travaillent pour leur propre prospérité et leur propre richesse.

Si l'on laisse à la population coloniale la liberté de développer les richesses du pays, je prévois qu'avant peu d'années, l'Algérie pourra défrayer la métropole du budget de l'armée et s'en fera gloire, et afin que l'on ne puisse douter de la possibilité de ce résultat, je citerai un exemple.

Il y a 22 ans, la colonie anglaise australienne *Victoria*, n'avait pas un acre de terre cultivé, elle commençait.

Sous l'empire de la liberté, elle a aujourd'hui 520 mille colons, 320,000 de plus que l'Algérie ; son budget des recettes est de 75,000,000 de francs, votés spontanément par la Colonie (51 millions de plus que l'Algérie).

Mais aussi, les Anglais, corrigés par le souvenir de ce qui leur est arrivé à la fin du siècle dernier en Amérique, accordent la liberté administrative aux colonies les plus lointaines, les plus modestes ; chacune d'elles a son parlement, son budget spécial, son administration propre. La métropole n'y exerce que le droit de souveraineté au moyen d'un gouverneur général dont l'unique fonction est de veiller à l'exécution des lois.

A côté du budget des recettes, témoignage de prospérité, figure le budget des dépenses, témoignage d'intelligence.

On y remarque que 2,260,000 fr. sont consacrés à l'éducation ; 600,000 fr. à des recherches scientifiques ; 625,000 fr. à des améliorations sanitaires ; 47.500,000 fr. aux *travaux publics* ; 200,000 fr. à *une bibliothèque nationale* ; 200,000 fr, à l'établissement d'une université libre ; 625,000 fr. ont été votés pour les victimes de l'insurrection indienne, et 11,200,000 fr. restent en réserve dans le Trésor public.

Qu'on essaye donc de ce régime en Algérie. Il est probable qu'on y puisera d'utiles leçons pour réformer et simplifier le code administratif de la France, code que l'Europe nous envie, dit quelque part M. Thiers, le plus chaud défenseur de la centralisation administrative, et que cependant elle ne se hâte pas d'adopter.

« *Décentraliser*, dit M. Béchard, n'est pas rompre le lien
» qui unit les unes aux autres toutes les parties du corps so-
» cial ; c'est détourner de la tête un excès de vitalité, faire cir-
» culer le sang dans les veines, ranimer les membres paralysés
» et augmenter la force générale de tout ce qu'auront acquis les
» forces locales. »

Si l'on veut entrer *résolûment dans la voie* tracée par l'Empereur, il faut que l'Algérie cesse d'être sous la pression d'aucun ministère métropolitain, *administrant* ; il lui faut un gouverneur général, muni de pleins pouvoirs, surtout de celui de supprimer le gouvernement arabe et de faire rentrer au trésor, pour ouvrir de vastes chantiers de travaux publics, les 40 millions que ce cancer absorbe en pure perte.

Il faut à l'Algérie un conseil colonial électif, chargé, sous la haute direction du Gouverneur général, d'établir et de voter la législation de l'Algérie, le budget des recettes et des dépenses coloniales. Il faut enfin que les 40 millions récupérés par la suppression du gouvernement arabe, restent dans la colonie et y soient employés à créer le fonds social dont elle manque.

Voilà la seule solution progressive possible, elle est l'expression de la lettre de l'Empereur.

Enfin, dernier argument en faveur du peuplement par le moyen infaillible de la viabilité, la conquête de l'Algérie ne sera jamais définitivement acquise à la France par la seule présence d'une armée d'occupation, quelque nombreuse qu'elle soit, car un événement politique imprévu peut subitement éloigner cette armée, tandis qu'une population compacte, européenne, surtout française, peut seule assurer ce résultat qui ne sera atteint que lorsque cette population s'élèvera à un million d'âmes. Alors le budget de l'Algérie s'élèvera du misérable chiffre de 24 millions à 110 millions, savoir : 50 millions pour la population européenne et 60 millions pour la population indigène.

FIN.

Alger. — Imp. de l'*Akhbar*, J. Breucq, gérant.